RÉGIE

DU

POIDS PUBLIC

Documents constitutifs. — Règlement organique.
Règlement intérieur.

1925

BORDEAUX

IMPRIMERIE Y. CADORET

17, RUE POQUELIN-MOLIÈRE, 17

1925

MAIRIE DE LA VILLE DE BORDEAUX

RÉGIE

DU

POIDS PUBLIC

Documents constitutifs. — Règlement organique.
Règlement intérieur.

1925

BORDEAUX
IMPRIMERIE Y. CADORET
17, RUE POQUELIN-MOLIÈRE, 17

1925

RÉGIE

DU

POIDS PUBLIC

DE BORDEAUX

L'institution du Poids public n'est pas une institution d'ordre fiscal comme celle de l'Octroi. C'est essentiellement une institution d'ordre public. Son fondement légal est dans le droit du Maire de surveiller la fidélité du débit des marchandises qui se vendent au poids et à la mesure; la justification de son existence est dans l'utilité pour les commerçants, vendeurs et acheteurs, de faire constater par des préposés assermentés, dont les déclarations ont seules, en l'espèce, foi en justice, les opérations de pesage, mesurage, cubage et jaugeage qui sont la base de leurs marchés, ventes, achats, importations et exportations.

Aussi l'origine du Poids public remonte-t-elle à la plus haute antiquité.

En France, avant 1789, le droit de peser et de mesurer était presque exclusivement exercé par les délégués du pouvoir royal, des seigneurs et des communes; il était interdit d'avoir chez soi des balances et des poids pour peser au-dessus d'un certain nombre de livres; l'intervention des préposés-publics était imposée, même pour les opérations faites chez les particuliers, lorsque le poids des objets à peser dépassait le maximum fixé.

La loi des 15-28 mars 1790, qui abolit tous les droits féodaux, rendit libre, dans toute l'étendue du royaume, le mesurage et le pesage des farines, grains, denrées et marchandises, dans les maisons particulières, à charge cependant de se servir de poids et mesures étalonnés et légaux.

Quant au service des places et marchés publics, il devait y être pourvu par les municipalités.

La loi du 19 mai 1802 imposa à certaines villes l'obligation d'établir des bureaux de Poids publics, conformément à la loi de 1790; et c'est pour obéir à cette loi que, par un arrêté ministériel en date du 23 février 1805, fut créée la Régie actuelle, dont l'institution fut réglée par un arrêté préfectoral en date du 28 décembre 1809.

C'est cet arrêté préfectoral, ayant acquis le caractère et la valeur d'une loi, par suite de la sanction que lui donna le décret impérial du 22 avril 1811, qui fixe et détermine le droit et l'autorité de la Régie du Poids public à Bordeaux.

De nombreux jugements, confirmés par la Cour de cassation, ont établi ces droits et cette autorité sur une jurisprudence définitive, aujourd'hui incontestée.

Quant à l'organisation du service et du personnel,

et au fonctionnement de la Régie du Poids public, ils sont actuellement réglés par un arrêté municipal en date du 9 avril 1925, approuvé par le Préfet le 20 avril 1925 et par un Règlement intérieur approuvé par le Maire.

Les services rendus au commerce par le Poids public sont tels, l'utilité de son intervention dans la plupart des transactions de notre place est si évidente, que, même dans la plupart des cas où son intervention n'est pas obligatoire, les préposés sont appelés par les intéressés à peser, mesurer ou jauger leurs marchandises; cette intervention, en effet, suffit pour prévenir bien des difficultés, bien des contestations et, par suite, bien des procès. Elle est, en somme, la seule garantie absolue dans toute vente ou achat.

DOCUMENTS CONSTITUTIFS

(Décret impérial du 22 avril 1811.)

Au palais de Saint-Cloud, le 22 avril 1811.

NAPOLEON, Empereur des Français, Roi d'Italie, Protecteur de la Confédération du Rhin, Médiateur de la Confédération Suisse.

Sur le rapport de notre Ministre de l'Intérieur,
Notre Conseil d'Etat entendu,
Nous avons décrété et décrétons ce qui suit :

Article premier. — Les droits de pesage, mesurage et jaugeage seront perçus, à Bordeaux, conformément aux tarif et règlement formés par le Préfet le 28 décembre 1809, lesquels seront annexés au présent décret.

Art. 2. — La Régie sera organisée par un règlement particulier, qui sera soumis à l'approbation de notre Ministre de l'Intérieur.

Art. 3. — Notre Ministre de l'Intérieur est chargé de l'exécution du présent décret.

(Signé) NAPOLEON.

RÈGLEMENT

DU PRÉFET DE LA GIRONDE

du 28 décembre 1803, annexé au décret du 22 avril 1811

SECTION PREMIÈRE

ARTICLE PREMIER. — Les droits de pesage, jaugeage et mesurage sont maintenus (sauf quelques légères modifications sur certains articles qui, en raison des localités, en ont paru susceptibles, et qui vont être indiquées ci-après) aux mêmes taux qu'ils ont été réglés par l'art. 14 de l'arrêté de S. Exc. le Ministre de l'Intérieur, en date du 4 ventôse an XIII, pour la portion revenant à la Ville, et par l'arrêté de notre prédécesseur, du 30 germinal suivant, pour la rétribution des peseurs, jaugeurs et mesureurs.

En conséquence, la perception de ces droits se fera conformément au détail qui suit.

ART. 2. — Dans toutes les opérations de mesurage et jaugeage, le droit sera perçu sur la fraction du mètre, du stère et du litre, comme pour l'entier.

Quant au pesage, dont le droit est fixé par 100 kilogrammes pris pour unité, la fraction de 1 à 25 sera considérée comme 25; de 25 à 50, comme 50; de 50 à 75, comme 75; de 75 à 100, comme unité ou entier.

Art. 3. -- Il est défendu à tout individu d'établir des bureaux ou maisons de pesage, d'exercer les fonctions de peseur, jaugeur ou mesureur dans l'étendue de la ville et de ses dépendances, et à tous acheteurs et vendeurs de les employer, à peine de poursuites par voie correctionnelle, conformément à l'arrêté du Gouvernement du 7 brumaire an IX.

SECTION II

DISPOSITIONS RÉGLEMENTAIRES SUR L'EXERCICE ET LA PERCEPTION DU DROIT ÉTABLI A L'ARTICLE PREMIER DU PRÉSENT ARRÊTÉ.

Art. 4. — Le préposé public ne peut intervenir dans les ventes qui se font dans les boutiques ou magasins particuliers, s'il n'y est appelé par une des parties contractantes, si le pesage se fait par un des intéressés à la vente ou à l'achat.

Art. 5. -- Il intervient nécessairement, et sans pouvoir être suppléé (sauf l'exception ci-après), pour toutes les ventes qui se font au poids avec de grandes balances, à la mesure avec l'hectolitre, le stère, le mètre et la jauge, dans les marchés et les halles, sur les places, rues et carrefours; sur les cales du port, comme à bord des bateaux, gabares, coureaux, navires; dans les chantiers de bois à brûler, magasins pour les grains et farines ou autres marchandises; enfin, dans tous les endroits soumis à la surveillance permanente de la police municipale.

En conséquence, nul ne peut établir, dans les lieux susdésignés, des balances à fléaux ou romaines, ni des hectolitres, stères ou jauges servant à mesurer, jauger ou peser pour les particuliers.

Le préposé public intervient pareillement pour les pesage, mesurage et jaugeage qui doivent avoir lieu en conséquence de l'article 588 du Code de procédure civile, titre des saisies-exécutions, et lors des inventaires et ventes après décès ou faillite, et quand des absents ou mineurs s'y trouvent intéressés.

Art. 6. — Sont exceptées (sauf d'ailleurs au préposé public l'obligation d'y intervenir lorsqu'il en est requis par une des parties intéressées) les ventes en détail qui se font dans les lieux publics susdésignés avec des balances à la main, quant aux marchandises qui se vendent au poids; celles qui se font au litre et décalitre, quant aux grains et autres objets qui se livrent à la mesure de capacité, et les ventes de liquides, lorsque les pièces sont prises pour leur contenance sans être jaugées ou mesurées.

Art. 7. — La Ville de Bordeaux fournira les poids, balances, mesures, et généralement tous les objets nécessaires aux opérations de pesage, mesurage et jaugeage.

Elle fournira de même les gens de service pour le transport et la desserte de ces instruments.

Mais quant aux ouvriers de peine pour transporter les

marchandises de la place dans les mesures ou membrures, ainsi que sur les plateaux, ils seront fournis et salariés par les parties qui les emploient et pour lesquelles seront faites les opérations.

Art. 8. — Tous les préposés, peseurs, mesureurs et jaugeurs seront assermentés en cette qualité devant le Président du Tribunal de commerce.

Il leur est défendu de se servir d'autres poids, balances, jauges et mesures ou autres instruments que ceux dûment étalonnés, estampillés et déposés dans leurs bureaux.

Le salaire ou les attributions des gens de service du Poids public est réglé par le tarif détaillé dans l'article premier du présent arrêté.

Art. 9. — Le service se compose des opérations de pesage, mesurage et jaugeage qui doivent être faites aux termes de l'article 5 ou qui peuvent être requises conformément à l'article 6 du présent arrêté.

Ce service sera fait par les peseurs, jaugeurs et mesureurs nommés par le Préfet.

Art. 10. — La perception des droits de pesage, jaugeage et mesurage sera administrée sous forme de Régie simple pour le compte de la Ville, sous la surveillance immédiate de M. le Maire de Bordeaux.

Art. 11. — Les préposés en chef et en sous-ordre de la Régie du Poids public pourront être les mêmes que ceux actuellement existants.

Le tableau de leur nombre et le taux de leurs traitements respectifs seront déterminés par M. le Préfet, et soumis à la sanction de S. Exc. le Ministre de l'Intérieur.

Art. 12. — Au moyen de l'établissement de la Régie du Poids public et des divers préposés publics affectés aux opérations de pesage, jaugeage et mesurage, ainsi qu'il est expliqué aux précédents articles, nul ne pourra exercer dans Bordeaux les fonctions de peseur, jaugeur et mesureur pour autrui, à peine d'être poursuivi par voie de police correctionnelle, de la confiscation tant des poids et mesures que des marchandises pesées, jaugées ou mesurées en contravention au présent règlement, conformément aux lois et règlements concernant l'Octroi municipal et de bienfaisance de la Ville de Bordeaux, lesquels sont déclarés communs aux droits de pesage, jaugeage et mesurage publics.

Les marchands fréquentant les halles et marchés publics ne pourront avoir, sous les mêmes peines, dans lesdites halles et marchés, lieux voisins d'iceux, ni dans aucun des endroits désignés en l'article 5 ci-dessus, d'autres poids et mesures ou autres instruments que ceux dont l'usage est permis par l'article 6 du présent arrêté.

Art. 13. — Dans toutes les contestations relatives au défaut de poids et mesures, les bulletins délivrés par les préposés du Poids public, et certifiés conformes au registre, feront foi en justice.

Art. 14. — Les préposés du Poids public pourront, dans l'exercice de leurs fonctions, porter une marque distinctive.

Art. 15. — Le produit de la perception des droits de pesage, jaugeage et mesurage sera versé tous les quinze jours, par le préposé en chef de la Régie du Poids public, dans la caisse du receveur municipal.

Art. 16. — Le dixième du produit net du droit de pesage, jaugeage et mesurage sera versé par le receveur municipal dans la caisse du receveur général du département, pour être réparti à qui de droit sur les mandats des ordonnateurs, en exécution des instructions ministérielles du 25 septembre 1809.

Art. 17. — Toutes les dispositions réglementaires qui régissent aujourd'hui le Poids public de Bordeaux, telles qu'elles ont été arrêtées par S. Exc. le Ministre de l'Intérieur le 4 ventôse an XIII, et par arrêtés de notre prédécesseur, des 30 germinal de la même année, 20 septembre et 4 octobre 1806, ainsi que par différentes décisions ultérieurement prises pour l'exécution des lois et règlements sur la matière, auxquelles il n'est pas dérogé par les précédents articles, sont maintenues et continueront d'être exécutées selon leur forme et teneur.

Art. 18. — Le présent règlement, auquel demeurent annexés tant les rapports des régisseurs du Poids public que la délibération du Conseil municipal, les nouvelles observations desdits régisseurs et l'avis particulier de M. le Maire, en date du 30 novembre dernier, sera soumis à l'examen de S. Exc. le Ministre de l'Intérieur, avec prière de vouloir bien en appuyer les dispositions et proposer à Sa Majesté de les convertir en décret impérial, qui donnera à la Régie du Poids public de Bordeaux toute l'énergie et la consistance qu'elle doit avoir pour devenir réellement utile et fructueuse tant à la Ville de Bordeaux, sous le rapport des améliorations des revenus qu'elle sera dans le cas de lui procurer, qu'au commerce pour la sûreté et la garantie de ses transactions, et au système d'uniformité des poids et mesures dont elle propagera et facilitera l'usage effectif et exclusif dans toutes les ventes et dans tous les achats.

Fait à Bordeaux, en l'Hôtel de la Préfecture, les jour, mois et an susdits.

Le Préfet de la Gironde, Baron de l'Empire,

(Signé) **GARY.**

Le Comte de l'Empire, Maire de Bordeaux,

(Signé) **LYNCH.**

ARRÊTÉ ORGANIQUE

(Extrait du Registre des arrêtés du Maire de la Ville de Bordeaux, du 9 avril 1925.

Vu le décret du 22 avril 1811 constitutif de la Régie du Poids public à Bordeaux; ensemble le règlement préfectoral du 28 décembre 1809;

Vu le décret du 17 mai 1809 concernant les octrois;

Vu la loi du 5 avril 1884 sur l'administration municipale;

Vu l'arrêté organique du 20 juillet 1898, sur le service du Poids public à Bordeaux;

Vu la délibération du Conseil municipal du 16 mai 1902 et l'arrêté du Maire du 31 mai 1902 portant réorganisation de ce service;

Vu l'arrêté du Maire du 26 avril 1912;

Vu la délibération du Conseil municipal du 28 décembre 1920 et l'arrêté du Maire en date du 30 décembre 1920 portant réorganisation du Poids public de Bordeaux;

Considérant que certaines parties du règlement actuel doivent faire l'objet d'une adaptation nouvelle;

Qu'il importe notamment que les dispositions du règlement sur le personnel municipal soient applicables au personnel du Poids public en ce qu'elles n'ont pas de contraire au règlement organique et intérieur de ce service;

Vu la délibération du Conseil municipal en date du 20 mars 1925;

Après avoir consulté MM. les Adjoints réunis en Conseil d'administration;

ARRETE :

ARTICLE PREMIER. — Le règlement organique du 30 décembre 1920 et les divers arrêtés antérieurs sont rapportés et remplacés par les dispositions suivantes :

ART. 2. — L'arrêté portant règlement sur le personnel municipal est applicable aux agents de tous grades de la régie du Poids public (auxiliaires exceptés), sauf prescriptions contraires des règlements organique et intérieur de ce service. Le règlement de la Caisse commune des retraites des services municipaux s'applique également au personnel commissionné de la régie.

CHAPITRE PREMIER

COMPOSITION DU PERSONNEL

ART. 3. — Le personnel de la régie comprend :

a. — Personnel administratif :

Un Directeur;
Un Inspecteur principal;

Deux Inspecteurs;

Un Receveur;

Un Contrôleur;

Un Receveur adjoint;

Une Dame secrétaire (auxiliaire permanente)

b. — Personnel technique :

Trois Chefs de section;

Trois Sous-chefs de section;

Soixante Préposés répartis en sept classes, dont une classe de stagiaires.

Les trois premières classes de préposés comportent ensemble 36 préposés dont 20 en 1" classe, 10 en 2' et 6 en 3°.

Les quatre classes suivantes comportent ensemble 24 préposés dont 6 en 4° classe et 18 répartis dans les trois dernières classes.

c. — Personnel atelier :

Composé d'un chef d'atelier assisté d'un nombre d'ouvriers suffisant pour assurer la réparation et l'entretien du matériel et de trois manœuvres affectés au transport des instruments de pesage, bascules, poids, etc.

d. — Personnel auxiliaire, non permanent, adjoint aux préposés en nombre indéterminé et variable suivant les besoins du service, et dans lequel se recrute le personnel technique.

ART. 4. — Lorsqu'une ou plusieurs vacances des emplois prévus aux catégories *a, b, c* viendront à se produire, la suppression provisoire ou définitive de ces emplois pourra être décidée s'il est reconnu qu'ils ne sont plus indispensables à la bonne marche du service.

Traitements. — Remises de fin d'exercice.
Allocations au personnel technique ancien.

ART. 5. — Les traitements du personnel de la régie sont fixés ci-après (Voir *in fine* les deux échelles de traitements). La première de ces deux échelles est applicable exclusivement au personnel commissionné antérieurement au premier janvier 1921. La seconde, à tout le personnel en service postérieurement au 31 décembre 1920.

ART. 6. — Indépendamment des appointements fixes prévus aux échelles de traitements, il est alloué à tout le personnel (auxiliaires exceptés) une somme égale à 17.60 % des recettes nettes de chaque exercice au titre de participation aux bénéfices.

Cette somme est ainsi répartie :

1° 2.15 % à distribuer au Directeur, à l'Inspecteur principal et aux deux Inspecteurs, à parts égales;

2° 1.45 % à distribuer au Receveur, au Contrôleur et au Receveur adjoint, à raison de deux parts pour chacun des deux premiers et d'une part trois quarts pour le troisième;

3° 14 % à distribuer au prorata des traitements et de la présence à tous les agents (auxiliaires exceptés) ne participant pas aux taux de 2.15 et 1.45 %.

Toutes les positions d'absence du personnel technique et permanent, sauf celles résultant du congé annuel ou de blessures reçues en service, entrent en ligne de compte pour fixer la part revenant à chaque ayant droit.

Les taux ci-dessus peuvent être révisés.

Le décompte des remises au personnel administratif sera toujours établi sur l'effectif prévu à l'art. 3 (*a*). Les parts non attribuées faisant retour à la Ville.

Art. 7. — Les retenues pour la Caisse commune des retraites des employés municipaux seront opérées sur les remises attribuées au personnel commissionné au même titre que sur les traitements.

Le décompte des retraites liquidées dans le courant d'une année sera toujours effectué, quant aux remises, sur les trois derniers exercices clos.

Art. 8. — Les dépenses provenant d'acquisition de matériel neuf ou de matériel quelconque non encore en usage dans la régie n'entreront pas en ligne de compte pour le calcul des remises.

Art. 9. — Traitements et remises comportent, pour le personnel technique et les manœuvres, non seulement les huit heures effectives de travail, mais encore le supplément de présence indispensable chaque matin au bureau des commandes, avant la prise réelle du travail ou encore le soir pour reddition de comptes.

Art. 10. — Une somme annuelle de 500 francs, non passible de retenues pour la caisse des retraites, et n'entrant pas en ligne de compte pour le calcul des remises est attribuée aux chefs, sous-chefs de section et préposés de première classe promus antérieurement au 1ᵉʳ janvier 1921. Cette allocation n'est servie que jusqu'à l'emploi de receveur de première classe inclusivement.

Pareille somme que ci-dessus est dévolue sous la même réserve aux préposés de deuxième classe en fonctions au 31 décembre 1920, jusqu'à leur accès à la classe supérieure.

CHAPITRE II

NOMINATION ET AVANCEMENT. — PERSONNEL OUVRIER. — APPROBATION PREFECTORALE. — PRESTATION DE SERMENT. — REVOCATION.

Art. 11. — La nomination du Directeur est à la disposition du Maire.

Les nominations de tous les agents de la régie sont prononcées par le Maire sur la présentation du Directeur.

En dehors des sept classes de préposés dont l'avancement est réglé par l'art. 12 ci-après, les promotions ont lieu exclusivement au choix parmi les membres du personnel administratif et les préposés de première classe.

Sauf décision contraire de l'Administration, les places vacantes seront de préférence dévolues à l'ancienneté dans le grade immédiatement inférieur aux vacances à pourvoir.

Toutefois, il sera tenu compte de l'ancienneté dans toute la mesure compatible avec l'intérêt du service dont l'Administration reste seul juge.

Art. 12. — L'admission des auxiliaires dans le cadre des préposés a lieu *au concours*.

L'avancement des préposés a lieu *à l'ancienneté*, dans la limite des places disponibles, conformément à l'échelle des traitements annexée au présent règlement, à l'exception toutefois des deux cas ci-après où il a lieu *au concours* :

1° Dans la proportion d'une place sur deux (la 1" étant réservée à l'ancienneté) pour l'accès à la 3e *classe;*

2° Au concours exclusivement pour l'admission à la 1" *classe.*

Peuvent prendre part aux concours énumérés ci-dessus :

1° *Pour stagiaires :*

Les auxiliaires libérés du service militaire actif ayant une présence minimum de trois mois en qualité d'auxiliaire et déclarés physiquement aptes à l'emploi de préposé par la commission médicale municipale.

2° *Pour la 3e classe :*

Les préposés de 5° classe ayant un an de grade et ceux de 4e classe sans conditions d'ancienneté.

3° *Pour la 1" classe :*

Les préposés de 2° classe et ceux ayant deux ans de présence en 3e classe.

A titre transitoire, et jusqu'à ce qu'il y ait en 4° classe des préposés ayant la présence nécessaire pour avancer à l'ancienneté, les nominations à la 3° classe auront lieu par voie de concours.

De même, jusqu'à ce que l'effectif de 20 préposés prévu à l'article 3 pour la 1re classe soit atteint, le nombre des préposés de 3e classe pourra être supérieur au chiffre fixé.

ART. 13. — L'ancienneté dans la classe est déterminée par le numéro de classement au concours, sauf en ce qui concerne les préposés de 3° classe issus du concours, qui prennent rang après ceux nommés à l'ancienneté.

Art. 14. — L'avancement de classe peut être retardé sur avis du Conseil de discipline pour cause d'incapacité, défaut d'autorité, inconduite ou faute contre la discipline.

Art. 15. — La nomination de tout le personnel commissionné (ouvriers exceptés) est soumise à l'approbation préfectorale.

Le Directeur, l'Inspecteur principal, les Inspecteurs, Receveurs et Contrôleur prêtent serment devant le Tribunal civil.

Les Chefs, Sous-Chefs de section et Préposés, devant le Tribunal de commerce.

Toutefois, les préposés stagiaires ne seront soumis à la prestation de serment qu'au moment de leur titularisation, c'est-à-dire lorsqu'ils auront accès à la 6ᵉ classe.

La révocation de tous ces agents, à l'exception des stagiaires, ne peut être prononcée que par le Préfet sur la proposition du Maire, après avis du Conseil de discipline.

Art. 16. — Les ouvriers commissionnés : balanciers, ajusteurs, forgerons, sont nommés par le Maire et révocables par lui, sur avis du Conseil de discipline. Ils ne sont pas soumis à l'assermentation.

CHAPITRE III

ATTRIBUTIONS DU PERSONNEL

a. — *Personnel administratif.*

Art. 17. — *Directeur.*

Le Directeur est chargé de la Direction et de la haute

surveillance du service de la régie dans toutes ses parties et sur tous les points, de la correspondance générale, de la formation des états ou bordereaux trimestriels et d'année, ainsi que d'assurer l'exécution des lois, ordonnances et règlements qui régissent le Poids public.

Il tient registre de toutes les recettes et dépenses, mais il ne peut engager de dépenses extraordinaires, telles qu'augmentation du nombre de bureaux, de leur loyer, des bascules, mesures et autres ustensiles, qu'après en avoir obtenu l'autorisation par écrit du Maire.

Les dépenses ordinaires du Poids public se composent des traitements du personnel et allocations diverses à ce dernier, du loyer, du chauffage, de l'entretien des bureaux et des postes, de la fourniture des registres et autres articles de bureau, de la réparation du matériel et du transport de ce dernier.

Ces dépenses sont ordonnancées par le Maire à la vue des comptes présentés par le Directeur et préalablement régularisés conformément aux règles de la comptabilité publique.

Le Directeur est aussi chargé de poursuivre devant les tribunaux compétents, à la requête du Maire, et après en avoir obtenu l'autorisation par écrit, toutes les affaires contentieuses, notamment le recouvrement des droits. Il poursuit les actions en validité des procès-verbaux de contravention rédigés par les divers agents qualifiés de la régie, auxquels il donne les ordres et instructions nécessaires.

Il tient le bureau principal où sont reçues les demandes des administrations et du commerce et les réquisitions judiciaires.

Il poursuit, soit par la voie amiable, soit par la voie judiciaire, le règlement des pertes et dégradations occasionnées au matériel de la régie par les requérants ou leurs représentants et tous pouvoirs lui sont donnés pour transiger en cette matière.

Art. 18. — *Inspecteur principal.*

L'Inspecteur principal est spécialement chargé de la comptabilité générale.

Il a le contrôle et la surveillance supérieurs de tout le service. Il donne aux Inspecteurs les ordres et les instructions nécessaires et reçoit d'eux le rapport journalier, qu'il transmet au Directeur, avec ses observations, s'il y a lieu.

Il vise tous les comptes ou bordereaux présentant une recette ou dépense quelconque.

Il remplace le Directeur en cas d'absence.

Art. 19. — *Inspecteurs.*

Les Inspecteurs sont spécialement chargés de la surveillance de tout le service extérieur ainsi que des postes et bureaux de pesage. Ils transmettent à leurs subordonnés les ordres et instructions qui leur sont donnés par l'Inspecteur principal.

Ils visitent chaque jour et à différentes reprises les bureaux et postes de la régie et parcourent matin et soir à des heures différentes les diverses parties du port, ainsi que les marchés et l'abattoir quand il y a lieu, afin de s'assurer que contrôleur et préposés font bien leur service et qu'il ne se commet aucune contravention.

Ils observent et dirigent au besoin les préposés dans

leurs travaux. Ils vérifient à chacune de leurs visites la justesse des instruments.

Ils rédigent chaque jour un rapport détaillé de leurs tournées, des observations qu'ils y ont faites et de tous les incidents dont ils ont été témoins ou dont ils ont eu connaissance.

A chacune de leurs tournées, ils visent les carnets du contrôleur et des préposés.

Art. 20. — *Receveur*.

Les fonctions de Receveur consistent à faire les recettes journalières et la paie de tout le personnel de la régie.

Le Receveur tient un livre à souche pour chaque nature d'opérations de pesage, mesurage et jaugeage effectuée dans le service. Il inscrit au fur et à mesure, sur ces registres à souche, le montant des droits conformément aux tarifs, et il délivre à la partie qui a requis l'opération une quittance extraite de ces registres.

Le Receveur est tenu, sous sa responsabilité personnelle, du recouvrement de tous les produits de la régie, soit qu'il opère directement, soit qu'il fasse effectuer ce recouvrement sur place et immédiatement, dans les cas dont le Directeur est seul juge, par les préposés chargés du travail qui justifie la perception.

Il est tenu d'établir chaque quinzaine un bordereau explicatif, certifié par lui, vérifié par l'Inspecteur principal, arrêté par le Directeur et annexé au titre de recette établi par le service des Finances.

Indépendamment de la paie de tout le personnel, le Receveur est, en outre, chargé d'assurer le paiement des dépenses courantes et urgentes de la régie. A cet effet, un fonds de roulement de 3.500 francs est mis à sa disposition. Les pièces justificatives de ces dépenses, après avoir été certifiées par lui, vérifiées par l'Inspecteur principal et arrêtées par le Directeur, sont transmises en double expédition à la Division des Finances et régularisées en fin de mois. Après avoir été remises au visa du Maire, elles sont jointes à un mandat de régularisation établi au nom du Receveur du Poids public, selon les règles de la comptabilité publique.

Le Receveur est également tenu de remettre à la Direction, pour être transmis à la Division des Finances, un bordereau récapitulatif mensuel de toutes les opérations de pesage, mesurage et jaugeage, avec rappel des produits antérieurs.

Il fournit un cautionnement de dix mille francs.

Le Directeur pourra exiger que les versements à la Caisse municipale aient lieu chaque fois que les recettes encaissées par ce comptable excéderont la valeur de son cautionnement.

Art. 21. — *Receveur adjoint.*

Le Receveur adjoint est sous les ordres immédiats du Receveur. Il l'aide et le supplée en cas d'absence et concourt avec lui à la bonne marche du service.

Il est tenu de fournir un cautionnement de cinq mille francs.

Art. 22. — *Contrôleur.*

Le Contrôleur est placé immédiatement sous les ordres

des Inspecteurs. Sa mission consiste à surveiller et à guider les préposés et auxiliaires dans leurs travaux, à veiller au bon fonctionnement et à la mise en ordre du matériel laissé provisoirement au dehors.

Il parcourt journellement et à des heures différentes les diverses parties du port et d'une manière générale tous les endroits où opèrent des préposés ou auxiliaires.

Ses tournées sont faites suivant l'ordre indiqué chaque jour par MM. les Inspecteurs.

Il tient un carnet sur lequel il mentionne le résultat de ses tournées et il fournit chaque soir un rapport.

Art. 23. — *Dame secrétaire.*

La Dame secrétaire, sténo-dactylographe, est employée, en outre, aux travaux de bureau et de comptabilité, et est placée sous les ordres de l'Inspecteur principal.

b. — **Personnel technique.**

Art. 24. — *Chefs et Sous-Chefs de section.*

Les Chefs et Sous-Chefs de section sont chargés de la réception des commandes, de la distribution du travail aux préposés, de la tenue des registres d'opérations ainsi que de la surveillance et de la garde du matériel.

Ils assurent de même l'exécution des ordres de l'Administration à eux donnés par l'Inspecteur principal.

Art. 25. — *Préposés.*

Les Préposés des différentes classes sont chargés des travaux de pesage, mesurage et jaugeage à effectuer par la régie. Ils sont placés sous les ordres immédiats des Chefs et Sous-Chefs de section et doivent déférer à tous ordres à eux donnés par ces derniers.

c. — **Personnel atelier.**

Art. 26. — Ainsi qu'il est dit à l'art. 3, les ouvriers de l'atelier sont chargés de la réparation de tous les instruments de pesage, poids, balances, bascules, ponts à bascule, etc., en service dans la régie.

d. — **Personnel auxiliaire.**

Art. 27. — Les auxiliaires ne sont employés dans la régie que selon les besoins du service et sans garantie de chômage. Ils n'ont aucun traitement fixe. Pour être admis en qualité d'auxiliaire, il doit être justifié d'une bonné conduite et de bons antécédents. Il faut aussi être libéré du service militaire actif.

CHAPITRE IV

CONCOURS. — PROTECTION DU PERSONNEL ADMINISTRATIF ET DU PERSONNEL TECHNIQUE. — PROCES-VERBAUX ET CONTRAVENTIONS. — REGISTRES ET CARNETS — REGLEMENT INTERIEUR. — DISPOSITIONS D'EXECUTION.

Art. 28. — *Concours.*

Les concours prévus à l'art. 12 et les conditions d'admissibilité à ces concours sont fixés chaque année par le Maire.

Art. 29. — Les agents du Poids public sont placés sous la protection de l'autorité publique. Il est défendu de les injurier, maltraiter, et même de les troubler dans l'exercice de leurs fonctions, sous les peines de droit. La force armée est tenue de leur prêter secours et assistance toutes les fois qu'elle en sera requise.

Les dispositions du décret impérial du 17 mai 1809 concernant les octrois et les instructions pour l'exécution de ce décret seront applicables au régime et à l'administration du Poids public en ce qu'elles n'ont pas de contraire au décret du 22 avril 1811 et au présent règlement.

Art. 30. — Tous les agents assermentés de la régie du Poids public ont qualité pour constater une contravention, faire saisie et confiscation des instruments et des marchandises qui en sont l'objet.

Ils en donnent avis au Directeur et en dressent un procès-verbal qu'ils présentent à son visa.

Ils requièrent au besoin, et par écrit, l'assistance du Commissaire de police dans l'arrondissement duquel la contravention a été commise.

Ils concourent enfin, par une active surveillance, à l'exécution des lois et ordonnances qui régissent le Poids public.

Art. 31. — Tous les registres de recettes tenus par le Receveur doivent être cotés et paraphés par le Maire.

Tous les autres registres ou carnets accessoires tenus par le personnel technique sont cotés et paraphés par le Directeur ou l'Inspecteur principal.

Il est tenu, au bureau des Chefs de section, un registre-journal où les préposés doivent inscrire immédiatement les opérations auxquelles ils viennent de procéder et les droits qui en résultent.

Ce registre-journal, soumis au contrôle du Receveur, est visé au moins une fois par jour par l'un des Inspecteurs

Art. 32. — Un règlement intérieur est annexé au présent règlement organique.

Art. 33. — Le présent arrêté, qui entrera en vigueur à partir du 1" avril 1925, sera soumis à l'approbation de M. le Préfet, par application de l'article 11 du règlement préfectoral annexé au décret du 22 avril 1811.

Fait et arrêté à Bordeaux, en l'Hôtel de Ville, le 9 avril 1925.

Le Maire de Bordeaux,
Signé : Philippart.

Vu et approuvé.
Bordeaux, le 20 avril 1925.
Pour le Préfet :
Le Secrétaire général,
Signé : Idoux.

Pour copie conforme :
L'Adjoint au Maire,
Signé : E. Lavertujon.

ÉCHELLE DE TRAITEMENTS

exclusive au personnel commissionné antérieurement au 1er janvier 1921

(Ouvriers exceptés).

GRADE	CLASSE	TRAITE-MENT	TEMPS A PASSER dans chaque classe
Personnel administratif :			
Directeur	1re	14.000	
	2^e	13.000	2 ans.
Inspecteur principal	1re	11.000	
	2^e	10.500	2 ans.
Inspecteur	1re	9.500	
	2^e	9.000	2 ans.
Receveur	1re	8.500	
	2^e	8.000	3 ans.
Contrôleur	1re	8 000	
	2^e	7.500	3 ans.
Receveur adjoint	1re	7.500	
	2^e	7.000	3 ans.
Personnel technique :			
Chef de section		8.500	
Sous-chef de section		8 250	
Préposés	1re	8.000	
	2^e	7 000	

NOTA. — Aux appointements ci-dessus indiqués viennent s'ajouter les remises prévues à l'article 6.

ÉCHELLE DE TRAITEMENT
exclusivement applicab'e au personnel commissionné postérieurement au 31 décembre 1920.

GRADE	CLASSE	TRAITE-MENT	TEMPS A PASSER dans chaque classe	OBSERVATIONS
Personnel administratif :				
Directeur..........	1re	13.000		
	2e	12.000	2 ans.	
Inspecteur principal.	1re	10.500		
	2e	10.000	2 ans.	
Inspecteur....	1re	9.000		
	2e	8.500	2 ans.	
Receveur	1re	8 000		
	2e	7.500	3 ans.	
Contrôleur.....	1re	7.500		
Receveur adjoint . ..	1re	7.000		
	2e	6 500	3 ans.	
Dame secrétaire.... . Échelle des dames employées dans les bureaux de la Mairie.				
Personnel technique :				
Chef de section... ..		7.500		
Sous-chef de section.		7.250		
Préposés.......... ..	1re	7.000		
»	2e	6.500	Concours	
»	3e	6.000	3 ans.	dans la limite des
»	4e	5.500	2 ans.	places disponibl s.
»	5e	4.800	2 ans.	
»	6e	4.500	1 an.	automatiquement.
Stagiaire..		4.200	1 an.	
Personnel atelier et manœuvres :				
Échelle de traitements des services municipaux.				

Nota. — Aux appointements ci-dessus indiqués s'ajoutent les remises prévues à l'article 6.

Auxiliaires :
15 francs par journée de travail, plus indemnité cherté de vie.

RÈGLEMENT INTÉRIEUR

Article premier. — Le règlement intérieur annexé à l'arrêté organique du 26 avril 1912 est abrogé et remplacé par les dispositions suivantes :

Présence et distribution du travail. — Amendes.

Art. 2. — Les heures de travail et de présence du personnel technique sont subordonnées aux heures légales de la journée dans le port de Bordeaux, sauf cependant, ainsi qu'il est dit à l'article 9 du règlement organique, en ce qui concerne l'arrivée du matin au bureau, qui a lieu trois quarts d'heure avant la prise réelle du travail, et cela tant pour permettre la distribution de ce dernier par les chefs de section que pour l'arrivée en temps utile sur les lieux d'opérations.

Exceptionnellement, si la nécessité s'impose de procéder, après l'heure légale du soir, à des vérifications de carnets ou à des prises de comptes par les chefs de section, les préposés ne pourront s'y soustraire.

Art. 3. — Une feuille de présence est mise chaque matin à la disposition des préposés devant être présents au bureau; ces derniers doivent émarger en face de leur nom ladite feuille qui est enlevée cinq minutes après l'ouverture.

Tout préposé qui n'aura pas signé la feuille de présence dans le délai ci-dessus sera passible d'une amende de un franc, qui sera portée à trois francs dans le cas d'absence au moment de son tour de départ au travail. En fin d'exercice, la somme revenant à chaque ayant droit sur sa part de remises sera diminuée, le cas échéant, du montant des amendes encourues.

En principe, tout préposé remplacé pour cause de retard devra, dès son arrivée, être affecté aux opérations qui lui étaient dévolues et pour lesquelles il aura été momentanément remplacé.

Art. 4. — Les préposés attendant leur tour de départ au travail ne peuvent s'absenter du bureau sans en avoir obtenu la permission d'un chef de section.

Art. 5. — Sous le bénéfice des dispositions prévues au tarif du Poids public, nul préposé ne peut se refuser à travailler en dehors des heures réglementaires, ni les dimanches ou jours fériés.

Art. 6. — Lorsqu'à bord d'un navire, en magasin ou en tous autres lieux, plusieurs préposés travaillent ensemble, le plus ancien dans la classe la plus élevée a la direction et la responsabilité des opérations.

A ce titre, il a le devoir et l'obligation de veiller à ce que ces opérations soient conduites avec toute l'attention qui s'impose et avec la plus grande exactitude.

Il s'assure du bon état du matériel mis à sa disposition et signale celui dont le remplacement lui paraît nécessaire.

En matière de pesage, il veille à ce que les tares ou moyennes de tares, lorsqu'il s'agit de marchandises pesées au net, soient convenablement établies, et il tient le compte journalier et détaillé de l'ensemble des opérations effectuées, compte qu'il remet chaque jour à son Chef de section. Il récapitule de même, dès sa mission terminée, et suivant les modèles indiqués, les quantités se rapportant au travail opéré sous sa direction.

Il signale, par un rapport adressé à M. l'Inspecteur principal, toutes les fautes et infractions commises, et exerce, pendant toute la durée du travail confié à sa vigilance, les fonctions de Chef de section à l'égard des agents sous ses ordres, lesquels lui doivent respect et obéissance.

Il prend sa part effective dans le travail, sauf avis contraire de ses supérieurs.

Congés.

Art. 7. — D'une manière générale, les dispositions de l'article 15 du règlement municipal sont applicables au personnel commissionné et permanent de la régie.

Toutefois, les congés du personnel technique (Chefs et Sous-Chefs de section exceptés) sont indiqués chaque année par voie de tirage au sort.

Le congé annuel ne comporte pas de retenues sur les remises.

Maladies. — Accidents du travail.

Art. 8. — Les agents du personnel technique qui tombent malades doivent faire prévenir leur Chef de section sans délai, et toujours assez tôt pour que ce dernier ait le temps matériel de les faire remplacer, s'il y a lieu, sans qu'il en résulte le moindre retard vis-à-vis des requérants.

Ils doivent aussi, sans délai, prévenir par lettre

M. l'Inspecteur principal et mentionner expressément s'ils peuvent ou non se rendre à la visite du médecin municipal de leur arrondissement, qui fixe la durée approximative de leur invalidité.

Les agents malades habitant hors ville sont tenus de se faire délivrer un certificat médical, qui devra être adressé sans retard à M. l'Inspecteur principal.

Des vérifications inopinées seront opérées pendant la durée d'invalidité au domicile de l'agent. Toute fraude constatée donnera lieu à une demande de sanction disciplinaire.

Art. 9. — Le personnel ouvrier de l'atelier est soumis aux mêmes obligations que celles prévues à l'article ci-dessus, sauf en ce qui concerne les démarches à remplir auprès du Chef de section.

Art. 10. — Les préposés stagiaires et les auxiliaires de la régie relèvent, en ce qui concerne les accidents du travail, de la loi du 9 avril 1898 en conformité de la déclaration d'adhésion à cette loi, faite à la Mairie de Bordeaux, à la date du 8 novembre 1912.

Art. 11. — Les agents du Poids public blessés en service ou à l'occasion du service doivent faire constater leur blessure par les personnes présentes sur les lieux de l'accident.

Ils doivent de même faire tenir, sans délai, à M. l'Inspecteur principal, une déclaration faisant connaître : l'origine, les causes et le plus ou moins de gravité apparente de la blessure, ainsi que les noms et adresses des témoins et le lieu ou le nom du navire, du chantier ou du magasin où l'accident s'est produit. Le nom du requérant, celui du manutentionnaire, doivent également y être indiqués.

Si l'accidenté ne peut lui-même prendre ces renseignements et faire la déclaration prescrite, tout autre agent de la régie présent sur les lieux (préposé, contrôleur, inspecteur) devra y procéder.

Il sera remis d'urgence, au médecin municipal, un bulletin de visite sur lequel le docteur mentionnera le genre et la gravité de la blessure et la durée probable de l'incapacité de travail.

Tenue des registres et carnets.

ART. 12. — Les registres servant à l'enregistrement des opérations exécutées par les préposés ou auxiliaires, de même que le livre-journal et les carnets affectés aux préposés doivent être tenus avec le plus grand soin et en conformité des modèles ou instructions donnés par MM. les Inspecteurs, le Receveur ou les Chefs et Sous-Chefs de section.

Les indications susceptibles de servir, dans une opération quelconque, à l'une des parties en cause, et dont le préposé peut avoir le contrôle doivent être relatées en regard de cette opération.

Quant à celles qu'il lui est impossible de contrôler, et dont l'inscription lui est demandée, il doit les faire précéder du mot « Déclaré ».

Les observations sur les défectuosités des emballages, l'heure exacte à laquelle est commencée ou terminée une opération, les causes et les durées des interruptions au cours du travail, doivent être également mentionnées, au besoin même sur le livre-journal.

Pour les opérations en gare, le numéro de l'expédition, la gare expéditrice, le nom de l'expéditeur et du destinataire doivent être soigneusement relatés.

Art. 13. — Les carnets doivent être vérifiés avec la plus grande attention, et par un préposé étranger à l'opération à vérifier. Ces vérifications doivent être faites, sauf impossibilité absolue, dès l'opération terminée.

Lorqu'il y a lieu, le préposé vérificateur, après avoir apposé son visa, s'assure que les quantités inscrites ont été reportées exactement sur le journal.

Art. 14. — Les carnets ne peuvent être confiés, pour quelque motif que ce soit, aux personnes étrangères à la régie en dehors des bureaux. Les intéressés désireux de consulter les carnets ou registres du Poids public devront y procéder avec l'autorisation préalable des Chefs de section et dans les bureaux de ces derniers.

Postes divers. — Matériel.

Art. 15. — Les postes des ponts à bascule, abattoir, marchés, etc., de même que ceux pouvant être créés ultérieurement, sont à la nomination du Directeur.

A l'abattoir, le personnel se compose d'un chef de service (1" classe) assisté de trois préposés. Les candidats choisis sont nommés pour deux ans, à l'exception du chef de service.

Les postes de ponts à bascule sont réservés aux préposés de 1re classe pour une durée de deux ans.

Quant à ceux du marché à la viande, du marché aux

fruits, légumes, etc., la désignation des agents à y affecter sera faite chaque année en temps utile.

Le chef de service du marché à la viande, chargé du pesage des cuirs verts, et le chef de service du marché aux fruits, pris dans les préposés de 1" classe, ne sont renouvelables que tous les deux ans.

Les dispositions prévues au tarif du Poids public et faisant l'objet de l'article 5 du présent règlement ne sont pas applicables aux préposés en service dans les divers marchés et à l'abattoir.

Art. 16. -- Lorsqu'un préposé détaché à un des postes prévus à l'article précédent sera atteint par la limite d'âge ou déclarera prendre sa retraite dans l'année qui suivra l'expiration de son stage dans un des postes ci-dessus, il pourra y être maintenu jusqu'à son départ.

Art. 17. — Les préposés nommés aux divers postes susindiqués n'y seront maintenus qu'autant que leur conduite et leur travail ne donneront lieu à aucune plainte justifiée des requérants ou à des observations répétées de la part de leur chef de service ou des agents administratifs de la régie.

Art. 18. — Les préposés ont le devoir et l'obligation de veiller sur le matériel de la régie dont ils ont la desserte.

A la fin de chaque opération, ils doivent soigneusement mettre ou faire mettre ce matériel en ordre, de telle façon qu'il soit à l'abri de déprédations. Chaque fois notamment que les poids pourront être mis en lieu sûr, ils devront y être transportés. Toute négligence ou mauvaise volonté quant à l'observation des prescriptions ci-dessus pourra être passible de sanctions.

Obligations particulières.

Art. 19. — Les préposés ne doivent jamais commencer une opération de pesage sans s'être assurés, selon les moyens dont ils disposent, de la justesse des poids et appareils mis à leur disposition.

. Ils doivent signaler à leurs chefs tout appareil ou poids défectueux.

Lorsque, pour des cas de force majeure, ils feront usage d'instruments n'appartenant pas à la régie, ils devront en faire mention sur leur carnet et se faire délivrer, au besoin, une autorisation écrite des intéressés.

Art. 20. — Il est expressément défendu au personnel d'accepter quoi que ce soit des requérants, de leurs représentants ou encore des manutentionnaires avec lesquels ils se trouvent en contact. Interdiction absolue leur est également faite de prélever si minime quantité soit-elle des marchandises ou denrées soumises à leur contrôle.

Art. 21. — Tous les agents de la régie doivent observer, même en dehors du service, une tenue et une conduite exemptes de tout reproche et ne commettre aucun acte de nature à nuire au prestige et à la considération nécessaires à un représentant de l'autorité municipale.

Tout agent convaincu de s'être mis publiquement en état d'ébriété, d'avoir pris part à une querelle, à des violences ou à des manifestations tumultueuses, pourra être l'objet des plus graves sanctions.

ART. 22. — Toute réclamation, tant individuelle que collective, sera toujours faite hiérarchiquement et ne pourra, en aucun cas, être adressée ou remise à une personne étrangère à la régie.

Dénomination. — Tenue et insignes.

ART. 23. — Les préposés ne peuvent en aucun cas prendre d'autre dénomination que celle de « Préposé du Poids public », qui caractérise leur emploi municipal.

Le personnel technique porte, dans l'exercice de ses fonctions, et pendant les heures de présence dans les bureaux de la régie, une marque distinctive, qui consiste en une casquette ornée de deux P avec palmes.

Les chefs, sous-chefs de section et préposés de 1" classe, portent en outre un galon d'argent sur leur coiffure d'uniforme.

Un modèle de la coiffure réglementaire est déposé au bureau de l'Inspecteur principal.

Pendant les chaleurs, la casquette pourra être remplacée par un chapeau de paille, portant les mêmes insignes que ceux fixés à la casquette.

Le directeur du Poids public,

A. ARMAGNAC.

Vu et approuvé :
Bordeaux, le 22 avril 1925.
L'Adjoint au Maire délégué aux Finances, Octroi et Poids public,

E. LAVERTUJON.

13.074. — Bordeaux, imprimerie CADORET, 17, rue Poquelin-Molière